Felicidade, Amor e Amizade

Felicidade, Amor e Amizade

A SABEDORIA NA OBRA DE
ANTOINE DE SAINT-EXUPÉRY

SEXTANTE

Título original: *A Guide for Grown-ups*

EDITOR • Geraldo Jordão Pereira

PREPARO DE ORIGINAIS • Virginie Leite

TRADUÇÃO • Maria Luiza Newlands da Silveira *(Piloto de Guerra)*
Virginie Leite *(O Pequeno Príncipe)*

Os trechos dos livros *Correio Sul, Vôo Noturno, Terra dos Homens, Cidadela* e *Escritos de Guerra* foram extraídos das edições brasileiras publicadas pela Editora Nova Fronteira S. A., que gentilmente cedeu os direitos para esta publicação.

REVISÃO • Sérgio Bellinello Soares

CAPA • Raul Fernandes

ILUSTRAÇÕES DA CAPA E MIOLO • Originais de Antoine de Saint-Exupéry, © 1971 Consuelo de Saint-Exupéry

PROJETO GRÁFICO E DIAGRAMAÇÃO • Valéria Facchini de Mendonça

Foto do autor © 1999 Espace Saint-Exupéry

FOTOLITOS • R R Donnelley América Latina

IMPRESSÃO E ACABAMENTO • Geográfica e Editora Ltda.

CIP-BRASIL. CATALOGAÇÃO-NA-FONTE
SINDICATO NACIONAL DOS EDITORES DE LIVROS, RJ

S144f Saint-Exupéry, Antoine, 1900-1944.
Felicidade, amor e amizade: a sabedoria na obra de Antoine de Saint-Exupéry
/tradução de Maria Luiza Newlands da Silveira. [et al.].
– Rio de Janeiro: Sextante, 2003

Tradução de: A guide for grown-ups: essential wisdom from the collected works of Antoine de Saint-Exupéry
ISBN 85-7542-095-X

1. Saint-Exupéry, Antoine de, 1900-1944 – Seleções. 2. Felicidade.
3. Amor. 4. Amizade.
I. Título.

03-2182. CDD 848
CDU 821.133.1-8

Editora Sextante (GMT Editores Ltda.)
Rua Voluntários da Pátria, 45 – Gr. 1.404 – Botafogo
22270-000 – Rio de Janeiro – RJ
Tel.: (21) 2286-9944 – Fax: (21) 2286-9244
Central de Atendimento: 0800-22-6306
E-mail: atendimento@esextante.com.br
www.sextante.com.br

Apresentação

"Só se vê bem com o coração.
O essencial é invisível aos olhos"

Em 1942, Antoine de Saint-Exupéry escreveu este pensamento que contém a essência de seu clássico *O Pequeno Príncipe* e que permeia toda a sua obra, caracterizada pelo lirismo e por uma profunda reflexão sobre a condição humana. Ao longo dessas seis décadas, milhões de leitores se encantaram com esta e outras belas frases extraídas de seus textos.

Esta pequena antologia é um presente para os fãs de Saint-Exupéry e uma oportunidade para quem deseja conhecer um pouco mais sobre sua obra. Com citações de todos os seus livros (veja bibliografia comentada à pág. 92), esta coletânea espelha a sabedoria de um homem extraordinário e de inúmeros talentos – ele foi piloto, escritor, filósofo, aventureiro e poeta.

São observações perspicazes, memórias emocionadas de quem viveu intensamente, sempre à procura de um sentido maior para a vida. Seus pensamentos sobre amor, amizade, felicidade, responsabilidade, força moral, beleza, solidão, criatividade e liberdade nos levam a refletir sobre nossa própria existência, nossos relacionamentos e o mundo em que vivemos.

Escritor premiado e traduzido em mais de 130 idiomas, o terceiro filho do conde Jean de Saint-Exupéry e de Marie de Fonscolombe nasceu em 1900 em Lyon, na França. Aos 12 anos, ele se aventurou num passeio de balão e descobriu um dos maiores prazeres da sua vida: a aviação.

Com 26 anos tornou-se piloto pioneiro e foi um dos primeiros a voar à noite, em pequenos aparelhos a hélice, sem conforto ou segurança. As suas experiências e as aventuras dos legendários companheiros do correio aéreo, que criaram as primeiras rotas internacionais da Europa à África e à América do Sul, serviriam de inspiração para sua segunda paixão: a literatura.

Ao sobrevoar o deserto do Saara e os Andes, Saint-Exupéry pôde não apenas observar – e descrever – a beleza arrebatadora do céu coberto de estrelas e da Terra, mas também refletir sobre os limites e a grandeza da natureza humana. Daí a força de seus escritos, recheados de passagens tanto de sua vida pessoal quanto profissional.

O acidente de avião no Saara em 1935 e até mesmo as raposas com que fez amizade no local em 1927, por exemplo, estão presentes na fábula de *O Pequeno Príncipe.* Já a paisagem dos Andes e a forte ligação com os companheiros embelezam trechos de *Terra dos Homens*

Sua luta para lidar com os inúmeros aspectos da natureza humana revelados durante a Segunda Guerra Mundial aparece em *Cidadela,* manuscrito inacabado que guardou com ele nos últimos anos de sua vida, assim como em *Escritos de Guerra,* uma coletânea de artigos, notas e cartas para a família e os amigos, produzidos entre 1939 e 1944 e publicados quarenta anos após a sua morte.

A guerra marcou profundamente o autor, que deixou a França ocupada para viver dois anos exilado nos Estados Unidos. Em 1943, logo após a publicação de *O Pequeno Príncipe,* Saint-Exupéry se realistou na Força Aérea Francesa. Ele desapareceu sobre o Mediterrâneo em 1944, numa missão de reconhecimento. Seu corpo – assim como o de seu amado pequeno príncipe – nunca foi encontrado, mas suas palavras permanecem, para que adultos de todas as idades possam lê-las com os olhos e senti-las com o coração, na busca pelo entendimento daquilo que é essencial.

Felicidade

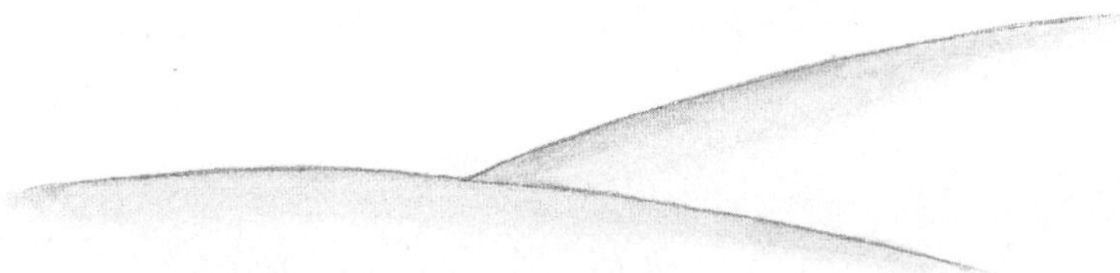

"Se alguém ama uma flor da qual só existe um exemplar dentre os milhões e milhões de estrelas, isso é suficiente para que se sinta feliz quando as contempla."

O Pequeno Príncipe

Dar é lançar uma ponte por cima do abismo da sua solidão.

Cidadela

Cada um de nós conheceu as alegrias mais ardentes nas situações menos promissoras. Por isso, lembramos com nostalgia até das nossas misérias se foram elas que permitiram esses momentos felizes.

Terra dos Homens

"É preciso que eu tolere duas ou três lagartas se quiser conhecer as borboletas."

O Pequeno Príncipe

A verdadeira liberdade só existe no processo criativo. O pescador é livre quando seu instinto o guia na pesca. O escultor é livre quando entalha um rosto.

Escritos de Guerra

Fiz mal em envelhecer. Foi uma pena. Eu era tão feliz em criança...

Piloto de Guerra

Felicidade! É inútil buscá-la em qualquer outro lugar que não seja no calor das relações humanas... Só um bom amigo pode levar-nos pela mão e nos libertar.

Terra dos Homens

Se procuro entre as minhas lembranças as que me deixaram um gosto durável, se faço o balanço das horas que valeram a pena, certamente só encontro aquelas que nenhuma fortuna do mundo poderia ter comprado.

Terra dos Homens

O que ele ansiava abraçar não era a carne, mas um espírito sagaz, uma centelha, o anjo impalpável que habita a carne.

Terra dos Homens

Amizade

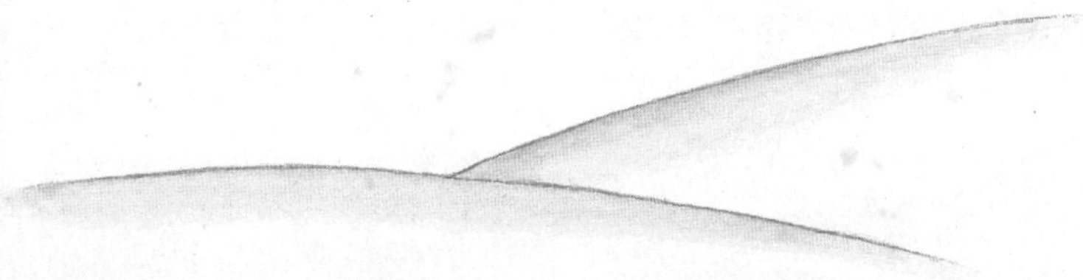

Não há como substituir um velho companheiro. Nada vale o tesouro de tantas recordações comuns, de tantos momentos difíceis vividos juntos, tantas desavenças e reconciliações, tantas emoções compartilhadas. Não se reconstroem essas amizades. É inútil plantar um carvalho na esperança de poder, em breve, se abrigar sob a sua sombra.

Terra dos Homens

"As pessoas não têm mais tempo de conhecer nada. Compram tudo pronto nas lojas. Mas, como não existem lojas de amigos, elas não têm mais amigos."

O Pequeno Príncipe

Ao partir, deixamos as ternuras para trás com um doloroso aperto no coração, mas também com um estranho sentimento de tesouro escondido sob a terra.

Correio Sul

Aqueles que são diferentes de mim não me prejudicam, muito pelo contrário, eles me enriquecem. Nossa unidade se fundamenta em algo mais elevado do que nós mesmos – no ser humano... Pois ninguém quer ouvir seu próprio eco nem encontrar a própria imagem em um espelho.

Piloto de Guerra

Quando trocamos viris apertos de mão, competimos em corridas, reunimo-nos para salvar um de nós que está em dificuldade, gritamos pedindo socorro na hora do perigo – só então aprendemos que não estamos sozinhos neste mundo.

Terra dos Homens

Meu amigo é, muitas vezes, aquele que tem uma idéia contrária à minha, pois me engrandece. Ele me obriga à superação. A amizade se fundamenta na identidade do fim espiritual. Na direção da estrela.

Escritos de Guerra

O amigo, no ser humano, é aquela parte que é para você e que abre uma porta que talvez ele nunca abra para outra pessoa. E o seu amigo é verdadeiro e tudo o que ele diz é verdade, e ele ama você mesmo que o odeie em alguma outra casa do seu coração.

Cidadela

O ser humano não passa de um nó de relacionamentos.

Piloto de Guerra

Só estou ligado àqueles a quem eu me dou.
Só compreendo aqueles a quem me uno.

Piloto de Guerra

Amor

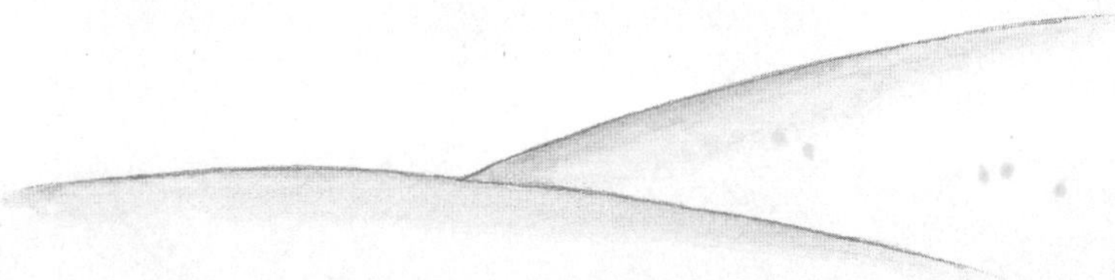

Os braços do amor nos encerram com nosso presente, passado e futuro, os braços do amor nos agregam...

Correio Sul

A experiência nos mostra que amar não é olhar um para o outro, e sim olhar juntos na mesma direção.

Terra dos Homens

As paredes da prisão não podem confinar aquele que ama. Ele é de um império que não está nas coisas, mas sim no sentido das coisas, e zomba dos muros.

Cidadela

Tecemos muito lentamente a trama das amizades e afeições. Aprendemos devagar.

Terra dos Homens

Se não tem esperanças de que o seu amor seja correspondido, é melhor se calar. Ele pode se conservar, chama ardente, dentro de você, em silêncio.

Cidadela

O amor, tendo germinado, cria raízes que não param mais de crescer.

Piloto de Guerra

"Aquele que lê uma carta de amor sente-se plenamente satisfeito, sejam quais forem o papel e a tinta usados. Pois ele não procura o amor nem no papel nem na tinta."

Cidadela

O amor não é pensar, mas ser.

Piloto de Guerra

Quando o acaso desperta o amor em alguém, tudo se acomoda naquela pessoa em obediência ao amor.

Piloto de Guerra

Responsabilidade

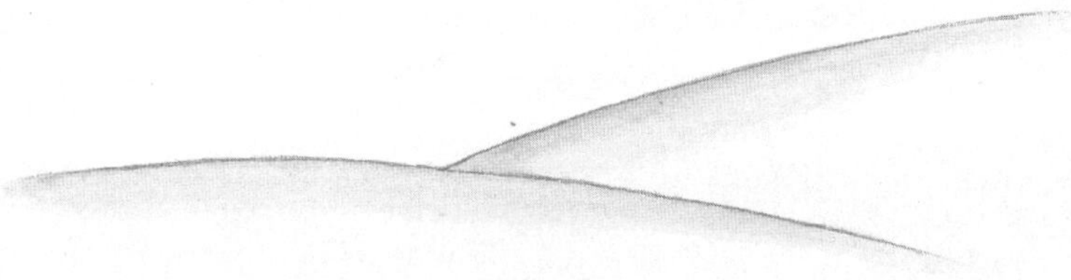

Ser homem é precisamente ser responsável. É sentir vergonha diante da miséria, mesmo quando ela não parece ter qualquer relação com você. É ter orgulho de uma vitória dos companheiros. É sentir, ao colocar a sua pedra, que você está contribuindo para construir o mundo.

Terra dos Homens

"As pessoas esqueceram esta verdade", disse a raposa. "Mas você não deve esquecê-la: você se torna eternamente responsável por aquilo que cativa."

O Pequeno Príncipe

Crescemos cada vez que cumprimos uma obrigação.

Piloto de Guerra

É dever do comandante do navio chegar ao porto de destino, custe o que custar.

Terra dos Homens

Pertencemos todos a uma pátria, a uma profissão, a uma civilização, a uma religião. Não somos apenas seres humanos.

Escritos de Guerra

"É preciso exigir de cada um o que cada um pode dar. A autoridade se baseia antes de tudo na razão."

O Pequeno Príncipe

"Uma civilização repousa sobre aquilo que se exige das pessoas, não sobre o que lhes é oferecido."

Cidadela

"É uma questão de disciplina", me disse mais tarde o pequeno príncipe. "Quando a gente acaba de se arrumar toda manhã, precisa cuidar com carinho do planeta."

O Pequeno Príncipe

Mas tu, ó sentinela, só tens a dominar-te a disciplina do cabo que te vigia. E os cabos, a disciplina que lhes impõem os sargentos que os vigiam. E os sargentos, a disciplina dos capitães que os vigiam. E assim por diante, até chegar a mim. Eu não tenho mais que Deus para me governar. Se duvidar Dele, será como uma porta falsa no deserto.

Cidadela

Força Moral

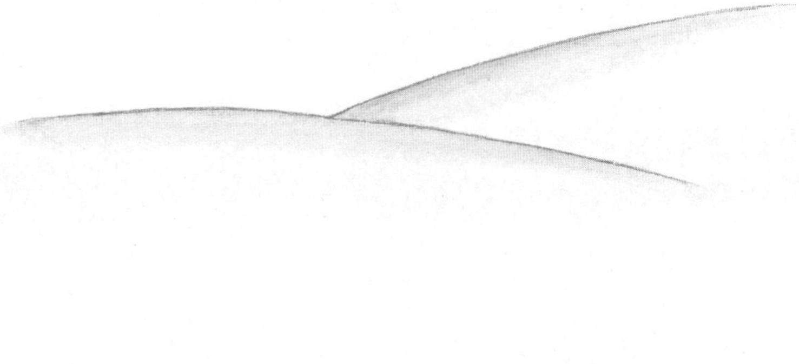

"As tempestades, a bruma e a neve vão incomodá-lo algumas vezes. Pense, então, em todos aqueles que já passaram por isso e diga para si mesmo: 'o que eles conseguiram eu também posso conseguir'."

Terra dos Homens

Um exército sem fé? Um exército sem fé não pode conquistar.

Correio Sul

"A árvore não é semente, depois caule, depois tronco flexível, depois madeira morta. Para conhecê-la, é melhor não dividi-la. A árvore é esta força que vai ao encontro do céu."

Cidadela

É importante esforçar-se por um objetivo que não seja visível de imediato. Um objetivo que não esteja relacionado à inteligência, mas ao espírito.

Piloto de Guerra

A semente, perseguida pelo sol, sempre encontra seu caminho entre as pedras do chão.

Piloto de Guerra

A única coisa que importa é o esforço que fazemos. Este permanece, enquanto o fim a atingir não passa de uma ilusão do alpinista, que anda de um cume a outro. Uma vez atingido, o objetivo deixa de ter sentido.

Cidadela

"O que nos salva é dar um passo. Mais um passo. É sempre o mesmo passo que se recomeça..."

Terra dos Homens

Não existe passagem que o mar não encontre se nisto puser toda a sua força.

Piloto de Guerra

Vitória, derrota – estas palavras não têm sentido algum. A vida está por baixo dessas imagens e já prepara novas imagens. Uma vitória enfraquece um povo, uma derrota desperta outro. A derrota que sofremos hoje é talvez uma promessa da verdadeira vitória. Só o acontecimento em marcha é que conta.

Vôo Noturno

O Essencial

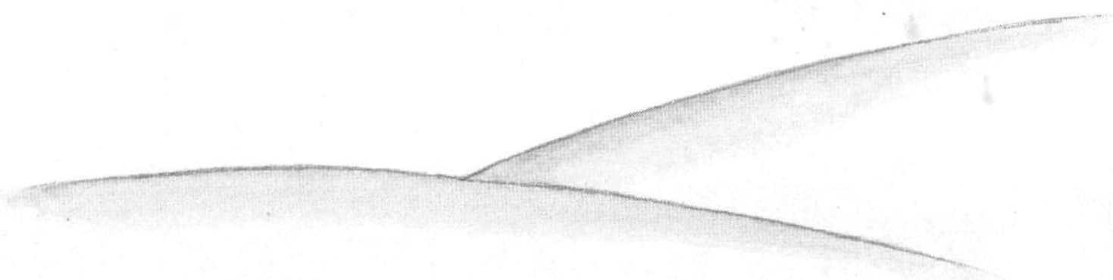

"Eis o meu segredo. É muito simples: só se vê bem com o coração. O essencial é invisível aos olhos."

O Pequeno Príncipe

O essencial, na maioria das vezes, não tem peso. Aqui, aparentemente, foi só um sorriso. Um sorriso é muitas vezes o fundamental. Somos pagos com um sorriso. Somos recompensados com um sorriso. Somos animados com um sorriso.

Escritos de Guerra

"É muito mais difícil julgar a si mesmo que julgar os outros. Se você consegue fazer um bom julgamento de si próprio, demonstra verdadeira sabedoria."

O Pequeno Príncipe

O que devemos ser? Esta é a questão essencial, pois só o espírito é capaz de fertilizar a inteligência. É o espírito que impregna a inteligência com a obra em gestação. E a inteligência a levará a bom termo.

Piloto de Guerra

Quando nos abandonamos, não sofremos. Quando nos abandonamos, mesmo à tristeza, não sofremos mais.

Correio Sul

"O essencial da vela não é a cera que deixa suas marcas, mas sim a luz que ela liberta."

Cidadela

Nenhuma circunstância pode despertar em nós um estranho que até então desconhecíamos totalmente. Viver é nascer aos poucos.

Piloto de Guerra

As pessoas grandes adoram números. Quando a gente fala de um novo amigo, elas nunca se interessam em saber como ele realmente é. Não perguntam: "Qual é o som da sua voz? Quais são seus brinquedos preferidos? Ele coleciona borboletas?" Mas sempre perguntam: "Qual é a sua idade? Quantos irmãos ele tem? Quanto pesa? Quanto o pai dele ganha?" Só então elas acham que o conhecem.

O Pequeno Príncipe

A vida sempre rompe os limites das fórmulas.

Piloto de Guerra

É uma coisa impressionante, a idade de um homem! Resume toda a sua vida. A maturidade que ele adquire se faz lentamente. Ela se faz a despeito de obstáculos vencidos, de tantas doenças graves curadas, de tantas penas acalmadas, tantos desesperos suplantados, tantos riscos cuja maior parte escapou à consciência. Ela se faz através de desejos, esperanças, lamentos, esquecimento, amor. A idade de um homem representa uma bela carga de experiências e lembranças!

Escritos de Guerra

É sempre no meio, no epicentro de nossos problemas que encontramos a serenidade.

Escritos de Guerra

A lógica pura arruína a vida do espírito.

Piloto de Guerra

Até as nossas misérias fazem parte de nossas riquezas.

Vôo Noturno

É certo que o ser humano precisa de um espaço fechado onde possa fixar suas raízes e, como uma semente, *vir a ser.* Mas também precisa da grande Via Láctea no alto do céu e dos vastos espaços marinhos, embora nem as estrelas nem o oceano sirvam às suas necessidades diárias.

Cidadela

"É a experiência que dita as leis", respondia. "O conhecimento das leis nunca pode preceder a experiência."

Vôo Noturno

A vida cria a ordem, mas a ordem não cria a vida.

Escritos de Guerra

O teórico crê na lógica. Acredita desprezar o sonho, a intuição e a poesia. Não vê que elas se disfarçam, essas três fadas, para o seduzir como um apaixonado de 15 anos. Não sabe que lhes deve seus mais belos achados.

Escritos de Guerra

O muro de um jardim de nossa casa pode encerrar mais segredos que a Muralha da China.

Terra dos Homens

Um acontecimento passado é como um meteorito caído do céu. Não se pode penetrá-lo nem mudá-lo de lugar.

Escritos de Guerra

Saber não é desmantelar nem explicar, é aceitar o que se vê.

Piloto de Guerra

"Por trás de todas as coisas vistas existe algo mais amplo. Tudo é apenas um caminho, um portal ou uma janela se abrindo para além de si mesmo."

Cidadela

Bibliografia

SAINT-EXUPÉRY, Antoine de. *Correio Sul.* Tradução de Pierre Santos. Rio de Janeiro: Nova Fronteira, 1981. Originalmente publicado como *Courrier Sud* (Editions Gallimard, 1929). Em seu primeiro romance, Saint-Exupéry conta a rotina do correio aéreo entre a França e a África. Um épico que remonta aos primeiros dias da aviação comercial.

______. *Vôo Noturno.* Rio de Janeiro: Nova Fronteira, 1982. Originalmente publicado como *Vol de Nuit* (Editions Gallimard, 1931). A aventura fictícia de *Vôo Noturno* se baseia em histórias de pilotos perdidos e na experiência de Saint-Exupéry no correio aéreo da África e da América do Sul. Foi seu primeiro grande sucesso, vencedor do Prêmio Femina em 1931.

______. *Terra dos Homens.* Tradução de Rubem Braga. Rio de Janeiro: Nova Fronteira, 1986. Originalmente publicado como *Terre des Hommes* (Editions Gallimard, 1939). Ganhador do Grande Prêmio de Literatura da Academia Francesa, em 1939, estas memórias autobiográficas contam os perigos e a beleza de voar sobre os picos dos Andes, através das passagens traiçoeiras dos Pireneus, através da solidão do deserto do Saara e do mundo silencioso acima da linha das nuvens. "Eu escrevi *Terra dos Homens*", disse Saint-Exupéry, mais tarde, "para dizer aos homens que todos nós somos habitantes do mesmo planeta, que estamos todos no mesmo barco."

______. *Pilote de Guerre.* Editions Gallimard, 1942. Não traduzido no Brasil. Um dos livros escritos durante os dois anos de exílio em Nova York por causa da ocupação nazista da França, *Pilote de Guerre* expressa o extraordinário valor dos aviadores franceses frente a uma derrota quase certa, a futilidade e insanidade da guerra, e a crença do autor na responsabilidade dos homens em relação aos próprios homens.

______. *O Pequeno Príncipe.* Tradução de Dom Marcos Barbosa. 48ª edição. Rio de Janeiro: Agir, 1996. Originalmente publicado como *Le Petit Prince* (Reynal & Hitchcock, 1943; Editions Gallimard, 1946). Também escrita em Nova York durante a guerra, esta clássica fábula interplanetária conta a aventura de um pequeno viajante e sua amizade com um piloto, uma rosa e uma raposa. *O Pequeno Príncipe* é o livro de língua francesa mais traduzido mundo afora – para 130 idiomas.

______. *Cidadela*. Tradução de Ruy Bello. Rio de Janeiro: Nova Fronteira, 1982. Publicado originalmente como *Citadelle* (Editions Gallimard, 1950). Nos últimos cinco anos da sua vida, Exupéry escreveu e reescreveu este longo manuscrito entre os vôos de reconhecimento de suas missões no esquadrão aéreo francês. Sobre este apanhado de suas experiências e filosofia de vida, ele dizia: "Em comparação com esta obra, todos os meus outros livros não passam de exercícios."

______. *Escritos de Guerra 1939-1944*. Tradução de Vera Guimarães Duarte. Rio de Janeiro: Nova Fronteira, 1984. Esta coleção de textos de Saint-Exupéry foi escrita durante a guerra. São cartas à família e aos amigos, anotações pessoais, transmissões de rádio e artigos para a imprensa americana que foram publicados quarenta anos depois do seu desaparecimento no Mediterrâneo.

Conheça os 25 livros mais vendidos da Sextante

– *Muitas Vidas, Muitos Mestres, Só o Amor É Real* e *Meditando com Brian Weiss*, de Brian Weiss
– *Conversando com os Espíritos* e *Em Busca da Espiritualidade*, de James Van Praagh
– *A Última Grande Lição*, de Mitch Albom
– *Enquanto o Amor Não Vem*, de Iyanla Vanzant
– *A Oração* de *São Francisco*, de Leonardo Boff
– *O Ócio Criativo,* de Domenico De Masi
– *Mantenha o Seu Cérebro Vivo*, de Katz e Rubin
– *Por que os Homens Fazem Sexo e as Mulheres Fazem Amor?*, de Allan e Barbara Pease
– *Uma Ética para o Novo Milênio* e *Palavras de Sabedoria*, do Dalai-Lama
– *Histórias para Aquecer o Coração*, de Mark Victor Hansen e Jack Canfield
– *100 Segredos das Pessoas Felizes* e *100 Segredos das Pessoas de Sucesso*, de David Niven
– *Aprendendo a Gostar de Si Mesmo*, de Louise Hay
– *Um Dia "Daqueles"*, *Querida Mamãe* e *O Sentido da Vida*, de Bradley Trevor Greive
– *Você É Insubstituível* e *Dez Leis para Ser Feliz*, de Augusto Cury
– *A Vida É Bela*, de Dominique Glocheux
– *Faça o que Tem de Ser Feito*, de Bob Nelson
– *Não Leve a Vida Tão a Sério*, de Hugh Prather

INFORMAÇÕES SOBRE OS PRÓXIMOS LANÇAMENTOS

Para receber informações sobre os próximos lançamentos da EDITORA SEXTANTE, queira entrar em contato com nossa Central de Atendimento, dando seu nome, endereço e telefone para:

EDITORA SEXTANTE
Rua Voluntários da Pátria, 45 – Gr. 1.404 – Botafogo
22270-000 – Rio de Janeiro – RJ
Tel.: (21) 2286-9944 – Fax: (21) 2286-9244
DDG: 0800-22-6306 (ligação gratuita)
E-mail: atendimento@esextante.com.br

Para saber mais sobre nossos títulos e autores, e enviar seus comentários sobre este livro, visite o nosso site:

www.sextante.com.br

Esse livro foi impresso em papel Chamois Bulk Alta Performance Dunas 90g/m² da Ripasa S/A Celulose e Papel produzido a partir de floresta plantada de eucalipto.